새야 강변 따라 하늘길

새야 강변 따라 하늘길

김정곤 두 번째 시집

그림과책

| 시인의 말 |

좋아도 한순간 싫어도 한순간
전부 바람처럼 스쳐 가네요
밀물처럼 왔다 썰물처럼 떠내려가니
잡으려 하지 말고 즐기며 삽시다

2024년 9월

김 정 곤

차 례

시인의 말 … 5

1부

당신 1 … 16
기억 … 17
희망 1 … 18
장미 … 19
너 1 … 20
인생 … 21
추억 … 22
꽃 … 24
희망 2 … 25
봄이 있어 행복하다 … 26
새해 1 … 27
종달새 … 28
그곳에 가고 싶다 … 29
강가 들꽃 … 30
인연 … 31
폭풍 … 32

봄이 온다 … 33

사량도 … 34

무인도 … 36

꼭 그렇지만은 않습니다 … 38

수평선 그곳 … 40

사랑 1 … 42

미덕 … 43

파도 속 하늘 풍경 … 44

돌아오지 않는 너 … 45

눈빛 … 46

불씨 … 48

동행자 … 50

섬 … 52

소리 … 53

편지 … 54

지금 이 순간 … 56

2부

새야 강변 따라 하늘길 … 60

새 1 … 62

새 2 … 64

새 3 … 67

새 4 … 68

눈 1 … 69

눈 2 … 70

눈 3 … 71

바람 … 72

길을 떠나리 … 73

낙엽 … 74

봄 1 … 76

봄 2 … 77

봄 3 … 78

봄 4 … 79

유혹 … 80

단풍 … 81

씨앗 … 84

벚꽃 눈송이 … 85

바다 … 86

폭포 … 88

적막 … 90

석양 … 91

사랑아 … 92

행복 … 93

3부

나의 별 … 96

한 잎 사랑 … 98

태극기 … 100

나르고 싶다 … 101

나의 바다 … 102

세월 … 104

열매 … 105

어머니 1 … 106

어머니 2 … 108

안개 거리 … 110

사랑으로 … 112

등대 … 115

파란 하늘 … 116

그대가 있어 … 118

고향길 … 119

김해 하늘 … 120

부모님 … 122

그날 속으로 … 124

너 2 … 126

물동이 … 127

욕심을 버리자 … 128

고향 … 129

4부

내가 사는 것은 … 132

하늘이여 … 134

새해 2 … 136

초심 … 137

동행 … 138

청춘을 뽑아버렸다 … 140

웃음은 반성이다 … 142

영혼을 부르다오 … 144

털어놓고 싶습니다 … 145

태양 … 149

친구 … 150

하얀 달 … 152

사랑 2 … 153

나의 불꽃 … 154

그대 목소리 … 156

당신 2 … 158

별사탕 … 160

감나무 … 161

해바라기 … 164

마음을 서다 … 165

꿈이었지 … 166

바다여 너희들 보고파 … 167

새벽을 달린 목소리 … 170

나의 영혼 … 171

1부

회오리바람 속에

다가오는 미래 지향적 삶

용기내어 오르고 내리는

언덕길 삶

세월의 언덕길은 오늘

한 발 한 발 내딛는 삶으로

당신 1

이 세상에 채워진 것은
둘도 없는 당신 얼굴입니다
저 하늘에 채워진 것은
별보다 아름다운 당신 얼굴이며
저 별보다 유유히 흐르는
당신을 사랑한 마음이며
저 별보다 빛나는 별은
당신의 백옥 같은 미소이며
저 하늘에 떠내려가는 별은
보름달 속에 당신 얼굴이며
저 하늘에 멈춘 새벽달은
님을 바라보는 나의 모습이며
저 하늘 끝까지
당신 향한 마음은 변치 않으며
저 하늘 끝이 있다면
내가 당신 손을 놓으며
저 하늘 끝까지 변치 않는
우리 사랑도 끝까지 달려가리

기억

조금씩 조금씩 별과 별 사이로
마음과 마음이 공허함 묻어내리는
숱한 세월의 멍 자국
칠흑 같은 아득한 그 옛날
동공에 추억은 담장 넘어
고향집 마당에 앉아 별자리 찾아
하늘에 밤새워 꿈을 안고
어느새 별들은 세월을 돌아서
아지랑이 꽃들이 만발하는 옛 추억에
오늘은 햇살에 옛날 기억을 더듬어보고
하늘 보며 옛날 별자리 찾아보고
살아가는 재미를 옛날 마당 한 켠에 심어보고
맑은 공기와 등 푸른 산과
강가에 일으키는 물살과
떠내려 가는 마른 가지 부여잡고
내 삶이 힘들지언정
오늘도 떠내려가는 삶 동여매고 싶다

희망 1

살다 보면 가슴이 복받쳐
오를 때 있죠
복받쳐 오를 수 없다면
삶은 무의미합니다
하던 일이 순조롭게 될 때 감탄하며
하던 일이 안 될 때
슬픔이 복받쳐 오릅니다
새해에는 가슴이 복받쳐
오르는 삶을 느끼기 바랍니다
사랑을 해도 가슴 벅차 오도록
그대를 사랑하며
일을 해도 가슴 벅차 오도록
땀을 흘리며
한숨이 나와 소주 한잔을 달래는
삶이 아니라
소주 한잔에 온 우주의 신비로움과
세상사 돌아가는 이치 속에
내가 얼마나 중요하고 고귀한
존재인지 느끼기 바랍니다

장미

그래요 의지할 곳 없는 사랑
어디 하소연 할 수 없는 세상
장미 가슴에 내 모든 삶을
장미 가슴에 옮겼어요

장미는 내 마음 알 듯
붉은 미소로 하루 해를 드리우고
유혹으로 이 마음을 다독거리듯
붉은 꽃망울 토해내는 자태에
내 안에 쌓이고 쌓였던
그리움을 머금은
삶의 열정에 찬사를 보내는
그의 심장 소리

하늘거리는 매혹적인
붉은 입술로 줄지어
나의 그리움에 수놓은 돌담길
초록 여백 사이로
실록의 계절 장미 한 송이를
그대에게 바칩니다

너 1

창가에 스며드는 너의 그리움
창가에 내민 한 줄기 빛은
이리도 따스하건만
널 그리워 이리도 가슴 아픈
비수처럼 가슴에 사무치고
창가에 내민 너의 그리움
창가를 지나 마른 가지 움트니
너의 그리움이 온통 들판에
파릇파릇 봄을 맞이하고
창가에 스쳐 간 바람
내 안에 머물러
그대 가슴에 고이 간직하고
내 안에 봄을 맞이하듯
그대를 바람처럼
스쳐 간 사랑이 아니라
영원토록 불어도
꺼지지 않는 타오르는 불꽃이라
창가에 내민 햇살에 그대 사랑을
영원히 간직한다

인생

아 저 구름은 산을 넘고
하늘 가운데 솟은 기운은
유유자적이라

산야의 계곡 흐르는 물결 위에
운무의 산맥 따라 고요히 잠드네

빗소리 요란한 장마철
철새 따라 흐르는 구름이라

인생따라 흐르는 슬픔이
무지개 오색찬란한 내일의 기쁨이라

추억

끝없는 질주
늘 가파른 산맥에 눈부신 태양의
오아시스 푸르름이
사막의 은빛 물결 출렁이며
회오리바람 속에
다가오는 미래 지향적 삶
용기내어 오르고 내리는
언덕길 삶
세월의 언덕길은 오늘
한 발 한 발 내딛는 삶으로
세월의 뒤안길에 잘살았다고
기필코 맹세해본다
모든 걸 내려야
가벼운 것
삶이 무거워 이리 보고 저리 보고
온통 들판 풀벌레 소리로 땅거미 내려앉고
동여맨 산기슭 어둠이 내려 산은 고요한
적막이 흐르고
군데군데 별빛이 내려
무거운 짐을 하나둘 벗는다
봄을 재촉하는 가벼운 비 내림

둥실실 웃으며
이리쿵 저리쿵 돌 딛는 땀방울 소리에
언덕 넘어 가쁜 숨소리에
수평선에 잔잔히 오르고 내리는 파도만이
노을 속에 춤을 춘다
등대만이 저 멀리
보일 듯 말 듯
삶을 위안해 미래를 넘어
현실의 등대 속에 돛대만이
나풀댄다

꽃

마음이 그리울 때 그곳에 가라
그곳은 가깝고도 먼
멀고도 가까운
내 마음의 꽃을 심어라
꽃은 언제 어디서나
너의 따뜻한 손길을 기다리니
아낌없이 나누는 꽃이 되어라
그곳에 피어나는 꽃을 바라보며
너의 가슴을 토해내어라
그곳에 지는 꽃을 바라보며
너의 청춘을 그려라
꽃의 아름다움에
네 마음을 아끼지 말고
마음껏 포옹해라
수없이 많은 꽃
이름조차 모르려니
그러나 아름다운 건 계절마다
닮은 어여쁜 그 꽃이여
화려하지도 쓸쓸하지도 않은
그리운 나의 꽃이여

희망 2

세상이 아름다운데
너는 고독을 심느냐
절망도 한순간
스쳐 가는 바람일 뿐
어둠에 갇혀 한순간을
삶의 고독의 회오리에
용수 쳐 오르는 사랑의 분노를
눈물로 세월을 보내려니
희망의 늪은 멀고도 아름다워서
너의 곧은 절개를
눈부신 태양에
영롱한 아침 이슬처럼
곱게 빗은
풀 한 폭이 삶을 안아보아라
인내의 고통은 차디찬 냉가슴
스쳐 가는 바람일 뿐
하루를 살아도
저 푸르디푸른 들판에 귀를 대고
대지에 숨소리를 들어보아라
햇살의 한 점에 삶을 안아보아라

봄이 있어 행복하다

봄이 오는데 내 안의 봄은
아직 안개 속이다
하지만 너를 만난다는 약속
굳게 닫은 나의 궁상들
영겁게 핀 산야
이제 초록으로
마음에 문을 열 듯
봄이 우리를 맞이하겠지
허겁지겁 주워 입은 옷
들판에 새싹 피어오르고
언 땅 녹아내릴 때
우리의 사랑은 다시금
대지에 서서 푸르름에
하나둘 옷을 벗겠지
그래 맞다
세상은 봄이 있어
슬픈 계절은
가슴에 홀연히 떠나보내고
너와 나
다시금 떠오르는 태양
출발하는 봄이 있어 행복하다

새해 1

기억 저편에
불어오는 바람이 차다
하지만 내일이란 단어 속에
힘차게 한 발 한 발 꿈을 담아
내딛는다
무언의 질주 속에
숨 막히던 시곗바늘은
가늠조차 잃어버린
나의 초점을 남긴 채
강둑에 홀로 서서
저 황량한 마르고 말라버린
인생 여정을 돌아보며
다가올 미래는
새싹이 트는 동녘 하늘
힘차게 솟아오르는 새해를
만끽하며 결코 미련도 후회도 없는
열심히 살아가는 인생이 되련다

종달새

종달새 삼삼오오 하늘하늘
앞서거니 뒤서거니 야호 야호
두려움 없이 숨박꼭질 하듯
코스모스 수놓은 가을 하늘에

종달새 춤사위 펼치니
계곡과 계곡 사이 바람피리
물소리 등에 업고 코스모스
종달새 장단 맞춰 가을은 흘러간다

그곳에 가고 싶다

강 건너 초록 깃든 산야 넘어
넘실넘실 하얀 포말 사이로
노을이 붉게 아롱진
수평선 넘어 별이 서성이는
아늑하고 그리움마저
잠재운 새들이 소곤대는
살아서 부르고
영원토록 목매어 부르는 땅
그립고도 그리운 그곳
해바라기 눈시울 붉어질세라
하얀 안개 물보라 소낙비
세찬 비바람에 날려
이내 가슴에
나지막이 앉은 나의 보금자리
세월이 흘러 강산이 바뀌어도
푸른 숲 화창하게 하늘을 열고
계곡물은 흘러 흘러 초록에 물들고
지울 수 없는 이내 가슴에
바다 건너 내일이 부르도다

강가 들꽃

난 강가에 들꽃이어라
보는 이 없고 발길 닿지 않는
메마른 땅에 홀로 피고 지는 꽃이었다
강가에 세월을 낚는 꽃이 아니라
강가에 묵묵히 피는 들꽃일 뿐이다
강가에 풀섶 작은 이끼 낀
바위틈 햇볕이 스며들지 않아도
홀로 긴긴 세월 흘러갈 뿐이다
산산이 부서져 내 눈물이
강줄기를 맞이할지라도
산산이 부서져 내 마음이
강줄기에 폭풍을 맞이할지라도
강이 마르고 개울과 눈비가
홀로 계절을 맞이할지라도
강기슭 오지 어디에도 홀로 그대를 맞이하리라
강가에 빼꼼히 내민 피라미 꽃이라도
작은 것에 감사하고
큰 강줄기에 부끄러움을 느끼는
피라미 가슴에 내 마음을 얹으리라
강가에 앉아 흘러가는 꽃을 바라볼 뿐
내 작은 손은 강줄기와 하나 되리라

인연

해가 뜨면 생각나는
인연이
바람 따라 구름 따라
내 가슴에 깊숙한
그리움이
깊은 밤 잠 못 이룬 별을
헤아려봅니다
일상에 해가 뜨고 달이
내 가슴 속으로 들어올 때면
난 마음 한 켠
그대가 숲속 어딘가에
휑하니 불어오는 바람 맞으며
내 생각하느라
숲속에 거닐 때
난 그대 비정한
가을을 묻어두고서
눈이 별을 헤아릴 때
마음에 문을 열고
속삭이는 눈밭에 흐르는
별을 헤아려봅니다

폭풍

고요하고도 폭풍 없는
평화스러운 바다

수평선에 고동 소리
하늘을 잠재우고

갈매기만 나르는 바다
파도에 실은 채 떠나는 인생길
바람 한 점도 없는
뭉게구름 두둥실

기약도 없이
언제 불어닥칠 폭풍우
잔뜩 긴장한 눈썹 매 회오리는
송두리째 뿌리조차 휩쓸고
가물 가물거리는 노을 따라

이내 청춘
바람 따라 흘러가구나

봄이 온다

봄이 온다 어서어서 가자
꽃바구니 들고 대지에 시장 보자
창문 열고 가슴을 내밀어 보자
가슴에 몽오리처럼 얼어붙은
인생 여정은
싹이 방긋방긋 돋아나는
한 줌의 흙 사이로
마음 하나 꽃씨 속에 묻어버리자
태동의 문을 활짝 열고
자연의 감미로운
본연의 맛 그대로
세상살이가 힘들지언정
묻어버리자
어서어서 트는 새싹에 묻어버리고
낼 위해
오늘 봄으로 살자

사량도

붉은 태양 아래 유난히 빛나며 솟구쳐 보이는 섬
사량도여!
우리의 영원한 고향이며 꿈이 되어
만인의 꿈들이 모여서 우주 속에 등불 되리라

우주 속에 주인 되어
유난히 커 보이고 밝아 보이는 섬
그 아름다움의 별들이 별똥 친구 되어
그대에게 안기리

밤하늘 수많은 별 중에
무수히 빛나는 별은 그대였죠
찬바람 불어 그대 잊으리
그대의 노을을 잊으리

구름 속 그대가 비춰
그대의 역사 속에 별들이 숨 쉬고
별들은 하나같이 살아남아
우리들 가슴에 안으리라

잎이 떨어져 꽃이 되어 우리 가슴에 영원토록

꽃봉오리는 밤하늘 별이 되어 세상을 깨웠으니
찾아가는 이들이 많더라

일출과 일몰을 맞이하는 그대여
그대 속에 모든 이들이 아름다움의 주인이여

해변을 걸어 조약돌 친구 되어
논밭길을 넘어 그대 끝에 오르니
내가 세상에서 젤 행복하더라

무인도

북두칠성 뱃머리에 줄을 놓고
닻을 올린 채 돛대만이 사공을 불러
고뇌의 숱한 기억이 머리에 내리찧고
아무도 찾지 않는 그의 얼굴에
수심이 가득해
노을빛 속에서 하루하루를 보내고
노을빛 속에 그의 아픔을 달래며
노을 속에 한 그루 나무를 보았다
그것은 자신의 모습이 담겨 있었다

일출이 무섭고 세상 등을 졌던 그대
그대 모습은 계절에 쓸쓸히 묻어졌고
계절이 말하듯 그대 기억은 바람결에 날려
저물어 가는 세상 속으로 사라졌다

출렁이는 바다도 그대 이름을 알지 못하고
산기슭에 철새들은 둥지 찾아
그대에게 앉았다

수많은 철새들의 고향이었던 그대
이렇게 될 줄 누가 알았던가

이 마음 달래려 애써본다

하지만 그대는 나의 사랑으로 살아났고
아픈 기억은 추억으로 묻어놓고
다시 살아났다

꼭 그렇지만은 않습니다

 돈이 없다고 해서 가난한 게 아닙니다
 마음이 부자가 돼서 돈 쓰는 씀씀이만큼 이웃에 나누면 돈은 쓰고 없지만 마음을 받은 이웃은 그 마음은 다시 내게로 돌아옵니다

 사람의 욕심은 채워도 채워도 끝이 없습니다
 채우는 욕심이 아니라 채워지지 않는 사막의 흙탕물에 먼 길 마다않고 달려가는 어린이처럼 사랑을 나누면 어떨까요

 이 사회가 잘 사는 기준이 물질적으로 따지는데 잘 사는 기준은 가정의 행복입니다
 우리가 흔히 말하는 저 집 잘 산다 저 집 못 산다
 돈으로 따지는 것은 맞지 않습니다
 그냥 돈이 많다 해야 정답입니다

 인생은 성적순이 아닙니다 학창 시절엔 성적순 있었죠
 인생은 뭘로 잘 살아 일등 뭘로 못 살아 이등 했다 없습니다 마음이 풍요로운 사람만이 일등입니다

 강물이 먼바다로 떠내려가는데 일등 없고 바람이 산꼭대

기 누가 먼저 불어 올라가나 일등 없듯이 인생은 일등도 없고 꼴찌도 없습니다
 자기 스스로가 행복과 사랑을 얼마나 느끼고 쟁취하느냐에 그것이 일등에 달려있습니다

 누구에게나 살다 보면 슬픔이 짓누르는 절망과 좌절을 인간이기에 겪습니다
 나무가 울창한 숲이 되려면 폭풍의 언덕을 수없이 겪는 것처럼 바다와 하늘을 보며 숲을 모습처럼 떠올려 보면 어떨까요

 인생의 낙오자는 스스로 무너지는 것입니다
 난 안돼 안돼 하면서 해보지도 않고 시작과 동시에 두려움이 앞섭니다
 잘난 사람 못난 사람 떠나서 도전은 이 세상에 도전이 아니라 자기 스스로에게 도전입니다
 성취를 못 해도 도전 자체가 아름답고 성공한 것입니다
 꽃은 누가 빨리 피고 누가 빨리 지고 일등 없지 않습니까 꽃의 아름다움이 일등입니다

수평선 그곳

부푼 꿈과 가족을 안고 사랑을 안고 꿈을 안고
바다에 몸을 담는다

마음은 벌써 물 건너가 있고 늘 있는 일이지만
가슴이 설레고 벅차다

바다는 나를 기다리듯 어느새 잔잔하며
나에게 손을 내밀고
쉴 새 없이 몰아치는 파도도 나를 반기듯
어느새 멈춘다

푸른 바다는 내 마음을 알아차리듯
나에게 향수를 보내고
그 향수가 내 삶을 바꾸고 내 인생을 바꾸리라

푸른 바다는 내 삶의 터전이고 꿈과 희망을 주며
내 마음의 고향이며 안식처이다
푸른 바다에 내 부푼 꿈을 담아
저 먼바다로 띄워 보낸다
푸른 바다에 내 마음을 띄워
저 먼 하늘에 전하고 싶다

파도 위를 나르는 갈매기 한 마리
꿈 찾아 사랑 찾아 나에게 와
꿈과 사랑을 듬뿍 담아 저 먼 하늘로 보낸다

하늘과 바다가 맞닿고
넓은 바다 끝없는 수평선에
자연의 신비함과 경이로움에 금치 못하고
고요함과 평온함뿐이며

먹이를 찾는 갈매기와 떠 있는 구름과
은빛 찬란하게 빛나는 파도가 조화를 이루며
나에게 다가온다

태양 빛에 힘입어
오색 빛 찬란하게 빛나는 파도에 빠져들고
파도는 나에게 보답할세라 꿈과 희망을 주네
배는 파도 위를 나르며 지칠 줄 모르고 가네
내 마음의 고향은 바다일세

사랑 1

그대를 사랑합니다
그대를 못 잊어
가을에 품었던 그대 사랑은
눈 속에 그대 사랑을 보았습니다
이제 당신을 맞이한 겨울입니다
춥고 배고프고 당신 사랑만이
이 겨울을 버텨내겠습니다
우린 허허벌판에
사랑만이 가득한 눈길을 걸으며
눈 속에 갇혀 눈처럼 행복한 내일에
그대 사랑을 보았습니다
우리가 처음 만난 날 눈길을 걸으며
서로의 사랑을 확인하고 미래를 약속했죠
이제 첫눈이 내립니다
첫눈처럼 그대 사랑한 마음
첫눈처럼 하얀 미소를
그대에게 담고 싶습니다
눈밭 길 걸으며 우리가 세월에 묻어둔 사연 하나
눈처럼 맑고 순수한 우리 사랑을
이 겨울에 우리 사랑을 품읍시다

미덕

나그네 설움에
홀딱 벗은 감나무
남은 홍시 하나
홍시 하나도 무거운 세월
홍시 하나도 감지덕지한 세월
까치와 눈 마주쳐
네 것 내 것 따지지 않고
미덕을 베풀었다

파도 속 하늘 풍경

배는 끝없는 수평선에
한 점 동동걸음으로 팔을 걷어 올려
파도를 밀어보지만

파도는 그의 자리를 좀처럼 밀어 허락하지 않는다
제자리걸음을 재촉하듯
저녁노을만이 그의 자리를 쫓는다

바다에 몸을 실은 채 굴뚝의 연기는
하늘을 뒤엎고
배의 물살은 잔잔히 흩어져
은빛 조각으로 바다의 보석으로
저 먼 세상으로 가듯 파도들도 동행한다

바다
검푸른 산
하늘은

마치 차곡차곡 샌드위치 쌓은 꿀 모양
파랗게 물들인 풍경에
내가 그 속에 담겨있다

돌아오지 않는 너

눈물이 모래에 흘러 바다를 메워 그것도 모자라
나를 메워 몸을 잠재워 영원히 잠들게 한다
속고 사는 세상눈 물속에 흐르는 세월을
강물처럼 흘러가는 세월에 띄워
먼바다로 띄워
이 마음을 달래려 그곳에 묻어 돌아오지 않는
그곳에 영원토록 잠들지 않는 너를 바라본다
돌아오고 싶어 천연 같은 사랑 불태워
하루 사랑으로 태어나 세월이 무뎌져
너를 잊어 너도 나를 티끌 만큼이나 날릴까
싱싱한 이 바람이 너를 영원히 재우고 싶다

눈빛

사랑으로 살아야 해 꺾이지 않는 사랑으로
너와 내가 만나는 그곳
하늘도 도우듯 바람 한 점 없는 눈빛으로

우리를 맞아 그날 속에 우린 세월을 딛고서
서로가 서로가 되어
애타게 기다려 왔던 시절은
만남으로 꽃을 맺었지요

입은 눈과 귀가 되어
서로 눈빛만으로 수많은 시간이 잊혀졌던
사랑의 눈동자에 피어나는
사랑의 시작이었죠
눈빛으로

홀로 지새우는 벤치에 앉아 서로 마주 보며
얼굴만 뚫어지게 본 채
서로에게 아쉬움만 남긴 채 할 수 있는 일은
아무것도 없었지요

서로 눈빛 속의 세월은 흘러

사랑에 목 말았던 순간들은 매여있고
눈빛 속에 서로의 마음을 읽을 수 있었지요

눈빛 속에 걸어 서로에게 달려가며
꽃을 피우며 사랑을 나눴지요
우린 서로 개울가 건너며
눈빛으로 손을 잡으며
눈빛으로 수많은 대화를 나누며
눈빛으로 열매를 맺었지요

불씨

불붙지 않은 종이
나의 입은 가슴을 열어 불을 지폈고

시커먼 연기에
들판은 젖은 장작 태우듯
연기는 하늘을 뿌렸고
타지 않은 불은
내 눈물에 불씨 찾아 불을 지폈고
연기만 남긴 채 매섭기만 한 연기는
겨울나기에 한참인 들판을 깨우고
이내 몸까지 눈물로 매웠다
뿌연 연기에 지친 들판에 나뭇가지를 끊어 불을 지폈다
불은 기다렸듯이
벌겋게 속내를 보이며 얼었던 내 온몸을 녹이고
성미 급한 내 손을 뜨겁게 삼켜 손가락 하나 데었다

서서히 타들어 가는 불씨
서서히 무르익은 하얀 종이의 고백
가족사진이 불을 지피고 있지 않은가
난 마음이 찢어지듯
애써 타는 불씨를 꺼려 했다

나는 종이인데
사진인데 하면서

마음을 편히 가지려 했지만 검은 잿빛 속으로
사라지는 사진 앞에 만감이 교체했다

사진은 흑진주에 숨은 그림이었고
난 숨은 그림에 추억을 더듬었다

순간순간 추억이 되살아나
곤두박질치는 가슴에 나는 한참 울었다
추억이 남긴 재 속에 나뭇가지로 찾아 헤맸다
아무것도 없고

불씨가 남긴 남긴 재 속에
꺼멓게 새긴 사진이었다
가족사진이었다
가족의 소중함을 불씨에서 찾았다
더더욱 가족을 사랑하게 되었다

동행자

1
오늘도 난 모든 사물이 존재 가치로써
내가 사물을 보고 느끼는 것은 모두 동행자입니다
때론 가슴에 앉은 슬픔조차도 동행으로 받아들입니다

오늘은 가을비를 재촉하는 빗물이
하늘에 눈물처럼 펑펑 쏟아지는군요
마침내 눈물 대변하듯 시원하게요
양동이로 받으려다 내 가슴으로 듬뿍 담았군요
비와 동행을 하며 난 가슴을 움츠리며
한참 울었습니다
빗물에 쓸리우듯
그동안 쌓였던 피눈물은 폭우에 흘려보냅니다
9월이 풍성한 가을처럼 마음도 풍성하고 싶군요

2
별들은 홀로 있어도 빛나지요
별들은 외로울까 봐, 은하수 흐른답니다

외로울 때 작은 별 하나 밤하늘에 흘러
내 마음에 흐른답니다

세월의 동반자는 시간이죠
항상 쫓기고 시간만 낭비하니
애꿎은 달력만 바람에 훨훨 휘날리죠

들꽃은 벌이 있어 외롭지 않죠
벌이 수놓은 마디마디마다
뭉게구름 앉은 그윽한 향기는
산짐승 눈코를 모으죠
아무도 찾지 않는 산기슭 고지에서는
꽃들 만발하여 허공에 날려
수줍은 산들은 꽃가루로 단장을 합니다

야생이나 재배 꽃이나
인간과 달리 성격 변화 없이
꽃은 항상 캡슐 터트리며 가슴을 엽니다
인생은 꽃처럼 시든 삶을 살아서 안 되겠죠
우리 인생 묵묵히 피운다면
세월은 동반자로 외롭지 않아요

섬

끝없는 수평선에 홀로 터 잡은 섬
마치 바다가 모자를 쓴 것 같았다
모자 위에 새들은 마음껏 뛰어놀며
행여나 모자가 바람에 휘날릴까 봐
둥지에 똥을 쌌다

소리

나의 눈과 귀는
매미 가슴에 앉은 하루의 영혼
한 자락 부르고 싶은 노랫소리
얼굴 모를 슬픈 매미가
창밖 넘어 나의 가슴에 앉는 소리
매미 울음소리 슬픔 잠재우는
비행기 울음소리
하늘을 여는 소리
한낮 도시의 꽃잎 속에
매미 울음소리 젖은
아이들 눈망울 익어가는 소리
푸른 벼 휘날리는 바람 언덕에
날갯짓은 잠자리 밑에
개구리 올챙이 뛰어다니는
가을 곡식 익어가는 소리
하천 따라 휘날리는
갈대숲 사이 메뚜기 한 마리
나의 가슴에 앉아
강물 따라 흘러가는 세월 소리
갈대 따라 휘날리는
바람 한 점 임 그리운 바람 소리

편지

그래 괜찮아 잘될 거야
아무 생각 말고 내 말만 믿어
넌 누구보다도 당당하고
소중한 나의 사랑이니까

네가 하던 일이 무엇이든
나는 바라만 봐도 행복해
나는 너의 곁엔 항상 지켜주는
별이 되어 지지 않는
저 하늘에 너를 그린다는 것을

하늘이 맺어준 인연일랑
우린 서로 하늘에 감사했고
하늘이 지켜보는 가운데
우리 서로 칭찬하며 매일 기도했어

우린 서로 살아온 환경이 너무 컸어
우린 서로 주어진 삶은 순탄치 않았어
그러나 항상 곁엔 사랑이란 이름 하나로
서로를 아끼며 챙겨주었어

너는 머나먼 하늘 아래 있다는
사실 하나로 나는 행복해
너를 바라보고 있어
너도 나를 바라보고 있지
우린 서로 사랑의 메아리가
흘러가는 구름인 것을

우린 너무 떨어져 살았어
이제 같이 살자 죽는 날까지
사랑하며 아끼며 떨어져 지낸 세월은
남은 세월에 채우자

지금 이 순간

지금 이 순간 타오르는 저 태양도 지구 건너편에 불타고 있다 약속이나 하듯 내일도 태양 앞에 한 점 부끄러움 없는 삶을 살 것이다

구름에 가린 달은 창밖 너머 서성거리는 별을 안은 채 유유히 이 밤을 지킨다 집 앞 은행나무 곱게 물들인 한적한 외로움만이 도시를 지키고 난 그 도시의 노랗게 물들여진 책갈피에 나의 이름을 이 세월에 새겨둔다

이 몸을 넘어 내 영혼조차 찾을 수 없는 숨 가쁜 삶을 넘어 언덕 넘어 뜰에 앉은 한 송이 꽃 따라 산맥 따라 인생의 고난 따라 흐르는 고요한 산야의 푸르름은 단풍으로 옷을 입었고 이 밤이 낙엽 지면 내일은 하얀 눈송이 별 곁으로 한 발 한 발 도장을 찍을 것이다

한낮의 황금 들판에 곡식을 거두는 늦가을 농부들의 신음 소리 허리가 휘어지고 어깨가 처진다. 땀방울에 빨갛게 익은 홍시는 석양에 물들이고 빼곡히 채운 대지에 쌀 한 톨 금모래 빛 부럽지 않다

이 순간 생사의 기로에 서서 실낱같은 희망을 안은 채 삶

의 경계선에서 하루하루를 전전하며 울음을 토하며 뼈를 깎는 고통을 느끼며 처절한 삶을 지탱해 가는 이들이 잠 못 들고 달을 보며 기도한다

이 순간 한 줌의 재는 무엇을 찾기 위해 무엇을 얻기 위해 이 자리에 서성거리는가 그것은 바로 사랑이라고

내가 잠들어도 너의 별 나의 별은 꿈의 광야는 사랑으로 펼쳐질 것이다

내 삶이 끝나 한 줌의 재가 되듯이 내 앞에 펼쳐진 이 광활한 우주 속에서 전부 흘러가는 폭풍우에 모래인 것을 나의 영혼은 사랑으로 변치 않으리

시곗바늘은 나를 잊은 채 오늘도 저 가지 위에 초점을 잊은 채 나의 귀에 메아리는 고독만 남긴 채 흘러가는 세월을 잡을 수만 있다면 느낄 수만 있다면…

2부

날개를 잃었으면 내가 너의 날개가 되어
창공에 꽃을 심을 것이고
어미를 잃었으면 너의 길동무가 되어
함께 애타게 눈물바다에 목 놓아 부를 것이고
너의 무리를 잃었으면
지나는 무리들에 너의 안부를 물을 것이다

새야 강변 따라 하늘길

새야 강변 따라 하늘길 가렴
갈대숲에 둥지는 볏단 꾸려 알을 깔까
볏단 말아 우리 송아지 엉덩이 뿔나 쟁기 나르고
별 따라 엄마 품 안겨
초승달 저고리 고름 짚신 신고
논두렁 무너질까 노심초사하시네

돌담길 논두렁 골에 벼 싹 햇빛 딛고
태풍 돌리셔 보리쌀 이삭 주셔
덕석에 말리시어
뱃고동 소리에 하늘 보며
일출을 맞이했노라

장작 마루 밑에 쌓아 부자 노릇하세
닭울음 소리 새벽 깨우고
이놈 지게 지고 배낭 메고 나무하러 간다

이놈 산길 헤매
태양 눈 속에 산그림자 이놈 알려주려나
소나무 산더미 지게 지고 엎어질까
엄마 소매 붙잡아 나무에 걸어

세상 한 짐 지고 안전 운전해오니

고구마 향기 나를 젖어 어머니 땔감 효자 했도다
겨울나무 가지런히 모인 손 한잎 두잎 흐르는
세월에 말리려나

젖은 장작 머리 솥에 밤새 부엌 태웠도다

새 1

하늘 주름잡고 이 몸 잡아보려나
밤새 새를 노래 불렀을까
새처럼 날고 싶었을까
일출 속에 한 마리 새가 되어 세상을
밝혀주는 새가 하늘 날고 싶었다
꿈이 이뤄졌을까
커피 한잔에 물든 풍경 속 그대가
그리지 않는가
하늘을 잃었을까 길을 잃었을까
뚝 하며 유리 벽 뚫고 정신 잃은 새더라
그 소리는 천둥 치고 별이 떨어지는 소리
스러진 새하얀 속살에
날개 펴 부르르 떨어 추위를 맞더라
한 모금 풀잎에 적셔
기다렸던 그의 목에 단비로 적시고
마른 가지 잎으로 덮어줬다
이놈 주먹 불끈 쥐고 가슴 졸이며
그대 마음 헤아릴까
마음 졸이며 그대 몸뚱어리 앞에 있거든
눈물 이마 적셔 눈가에 흐른다
그대 눈물마저 닦아줄 수 없더라

한 모금 풀잎에 적셔 입맞춤으로 박차고
나른 그대
그의 둥지는 찾으러 나서고 전봇대만이
홀로 있다

새 2

1
조그만 동네 새들의 천국이다
밤새 새소리에 구름도 바람도
적막감에 슬피 울어
내 가슴에 쉬어가네

새소리는 나의 울음소리였고
새소리에 파묻혀 밤을 뜬눈으로 울었고
가슴도 목이 메어 숨 쉬지 못한 목에 가슴만 태우니
애달픈 마음만 밤새 태우네

새들은 잠도 없이
밤새 나의 귀와 온몸에 속삭여진다
처마 끝에 매달린 이슬 영혼을 안은 채
나의 가슴에 울부짖는
그의 마음을 헤아리지 못했으니 술에 취하듯
그대의 자장가는 아침을 맞이했고
봄비도 그의 가슴에 젖어 함께 아침을 맞이한다
바람이 떠도는 집 앞 가지는 밤새 출렁이며
휘파람을 분 채 하나둘 떨어져 마당에 쌓여
새 가슴에 잠겨 이내 가슴에 쌓인다

2
새도 하늘에서 언제 떨어지는 위험 앞에
두려움이 앞설까

난 고소공포증 있는데
새들은 고소공포증 없을까
우리가 두 발로 걷듯이
새들도 하늘 날개로 마음껏 걸어 다니겠지
새가 되어 구름도 바람도 뛰어넘는
그의 날개가 되어 가보지 못한
저 하늘 너머 세계로 마음껏
훨훨 날고 싶었다

새도 하늘에서 힘이 떨어지면 쉬어 가듯이
우리 인생도 힘들면 쉬어가야 하지 않을까
날개는 작지만 비행기처럼 솟아 나르고
국경을 아우르는 그대
비행기처럼 방방곡곡 가는 그대 세계에 부럽다

새처럼 내 조그만 가슴

새처럼 허공을 짚는
그의 가슴에 내 가슴을 얹고 싶다
새도 창공에서 자연의 신비함과
경이로움에 감탄할까

내 어린 시절에는 여름철 집집마다
제비가 둥지 지었고
우리 집도 제비가 둥지 지어
새끼들 울음소리에 집이 떠들썩했다

마루에 제비들 똥이 쌓여
옆에서 밥을 먹은 기억이 난다
그때는 사실 비위가 약해 제비 똥 옆에서
밥맛이 떨어졌다

어미는 새끼들에게 쉴 새 없이
먹이를 물어주었고
어느새 커서 한 마리씩 떠난 기억이 난다
지금 생각하니 그때가 그립다

새 3

하늘을 돌리듯 어지럽도록
빙빙빙 뱅글뱅글 멀미하도록
제자리에 맴도는 너의 모습이
내 마음을 어지럽게 만들구나
힘이 빠졌으면 내 어깨는 너의 쉼터
둥지가 필요하면 내가 나무가 되어주리
왠지 새가 아니라 떠도는 유랑자처럼
오갈 때 없는 나약한 나의 모습처럼 보이는 너
날개를 잃었으면 내가 너의 날개가 되어
창공에 꽃을 심을 것이고
어미를 잃었으면 너의 길동무가 되어
함께 애타게 눈물바다에 목 놓아 부를 것이고
너의 무리를 잃었으면
지나는 무리들에 너의 안부를 물을 것이다
길을 잃었으면 너의 길동무가 되어
온 산야를 아우를 것이니
눈이 멎었으면 너의 손과 발이 되어 하늘을 짚으리
배가 고프면 내 모든 것을 던져 주리

새 4

새가
날개를
파
다
닥
휘어 저으니
낙엽이
우
수
수
눈꽃 송이
사
르
르
설운 이
사
랑
을
부르는구나

눈 1

하늘에서 하얀 선물이 왔네요
하늘이 그리워서 하얀 눈 꽃송이를 선물했네요

시커먼 그리움으로 가득 찬 마음에
하얗게 밝은 마음으로 새 단장했네요

하얀 선물이 금방이라도 꽃잎 적실세라
서로 하얗게 마주앉아 가슴을 내밀어
이 밤을 하얀 추억으로 불태웠네요

어둡고 침침한 밤을 하얗게 도화지 하듯
밤이 외롭지 않게 하얗게 이 밤을 하얀 세상으로
새 단장했네요

시커먼 그리움으로 찬 마음
하얀 눈으로 도배를 합니다

눈 2

눈 한 송이
따스한 햇살에
입맞춤

뜨거운 입맞춤
꼭 안고
녹지 않는
사랑으로
하루를 열었으면

눈 한 송이
나뭇가지에
입맞춤

뜨거운 입맞춤
꼭 안고

봄이
우리 사이를
갈라놓겠지

눈 3

눈 한 송이 햇살과
뜨거운 입맞춤

찬 바람이 시샘해
눈송이는 입맞춤도 잠시

원치 않는 고드름 되어
눈물만 떨군 채

햇살에 기대어 섰다

바람

바람이 저만치 앞서간다
돌아오지 않는 바람
서고 싶어도
바람이 허락하지 않고
난 바람을 앞서갔다
한 번만이라도
돌아서서 멈춰다오
우리 함께 뛰었던
우리 함께 안았던
그곳으로
고구마 숲에
우리 사랑이 푸르게 스며든 옷에
고구마 줄기 먹물
마주 앉은 고구마 사잇길
우린 줄기차게
고구마 비탈길 오르고
바람이 끌고
바람이 밀어 고구마밭은
재가 되었다

길을 떠나리

거칠 것도 없어라 두려움도 없어라
모든 것 잠시 내려놓고
추억만 남긴 채 길을 떠나리
삶은 언제나 고독에 젖고 시간에 젖고 돈에 젖어
사람만 늙고 돈의 노예가 되어
아까운 청춘만 흘러가리
미련 없이 훌훌 털고
마음의 고향으로 길을 떠나리
마음을 가득 채워주고
그리움을 찾아 안길 곳을 찾아
길을 떠나리
눈보라가 휘날리고
거센 폭풍이 산천초목을 휩쓸어도
나는 쉬지 않고 길을 떠나리
내가 기댈 곳은 꿈에 있으랴
하늘에 있으랴
산천초목 나를 반기고
별님과 함께 길을 떠나니
무지갯빛 나를 반기고
산새들 지저귀는 노래 들으며
길을 떠나리

낙엽

너의 빈자리
나를 감쌀까
이 밤을 감쌀까

이 밤이 낙엽 지고
바람 따라 흘러가는
이름 모를
가로수 낙엽 떨어지는 소리

흘러가는 낙엽 따라
낙엽이 찾아온 너와 나의 만남
떨어지는 것은 종말이 아닌데
또 하나의 사랑과 추억이 휘날리는데

앞서가는 너와 나의 사랑과 이별
인생이 번복된
가을을 여행하듯
떨어지는 너와 나의 얼굴
돈도 사랑도 두서도 없는 혼자 나부끼는

해 너머 산길 저 꼭

별만 쳐다보는데

그 별은 오도 가도 못하는
낙엽의 상처만 잡은
너의 빈자리
낙엽 휘날리는
임만 바라보는데

발길조차 머무르지 않은 이곳
가는 임이 고와야 오는 임 고운데

애가 타도 그 임은
바람이 구름을 울어도
구름이 바람을 울어도
적막강산

봄 1

봄비가 봄 도다리

마중 속에 웃음 지어

봄 도다리 날개 펴네 봄 숭어

봄 도다리 등에 업고 친구 삼아

봄비에 발길 재촉하네

바다를 걸어 너희들 찾아간다

봄 2

봄이 왔음을 햇살에 텐트 치고
새가 꽃노래 불러 봄비에 흠뻑 젖어 알린다

돌고 도는 계절에 오는 봄 설레고
가는 봄 망설이고 봄은 말 없어 향기로 젖는다

허물 벗고 새싹 돋아나
봄은 출발한 결혼이고
여름에 옷을 벗어
가을에 결실 맺고
겨울에 온정을 나눈다

봄 바구니에 햇살 꽃살 대지에 시장 봐
일 년 곡식 채워 일 년 내내 행복하다
봄은 또 오지만 마음의 봄은 다르게 맞는다

봄 3

어둠에 햇살이 불러 봄으로 붉게 물든 이 밤
봄 향기로 지친 이 몸
잠시라도 기댈 수 있으려나
봄꽃으로 가득한 하루를 눕히지만
너를 바라보지 않는 몸
봄을 잊은 외로운 별들은
도시를 재촉하며 나에게 앉아
몸이 솟아 하늘에 이르러
별이라도 되었으면 좋으려나
영혼은 벌써 잠들어
일출 속에 봄꽃으로 생명을 맞이하는 너
육신은 이 마음 몰라 송장처럼 고목으로 누워
찬 이슬을 맞고 그대의 봄을 꽂으려 노를 저었고
뒤적뒤적 굴려 살얼음 되려니
그대와 동무 삼아 봄꽃으로 이 밤을 불태워
봄씨앗으로 남는다
밤새 별 따라 봄으로 물들어진 눈 쉬지 않고
별빛에 안겨 눈이 부어 이 몸을 모른다
창문 너머 꿋꿋이 잠들지 않고 바라보고 있는 너
난 너 앞에 봄으로 다가가 밤새 봄으로 태웠다

봄 4

이름은 봄이요
마음은 여름이요
봄바람 살랑살랑
천공을 덮어
이내 몸까지 덮을까
봄이 기지개 켜니
벚꽃이 잠을 깨
봄바람에 휘날려
이내 마음까지
휘날린다

유혹

생명의 빛은 꽃이고 선물이니
그 꽃은 사랑이며 눈빛이다
내가 있는 것은 옳고 그름이요
오고 가는 것은 세상 순리요
꽃은 사랑 속에 아름답고
꽃은 마음에 있거늘 유혹이 앞선다
꽃은 피고 지고 자연의 순리고
지는 꽃은 아름다움의 대상이다
꽃은 피고 지고 앞에 있거늘
그 열쇠는 꽃 중의 꽃이다
꽃을 찾으라면 꽃은 그대 사랑이요
내 사랑이다
꽃은 피고 지고 마른데
그대 꽃을 영원토록 아끼느뇨
세상은 꽃으로 장식해
지천에 깔려 있어
마음만 열면 꽃은 하늘로 장식하여
그대 앞에 있다
우리 모두 꽃이여
꽃을 찾으려 애쓰지 말라
마음의 꽃은 문을 열고 기다리고 있다

단풍

슬픔도 미움도 증오도 없는 사랑만이 존재한
단풍 고운 입술에 물들이리
단풍의 향기에 가는 임 좋을씨고
오는 임 즐거우시고
오고 가는 사계절임이 있어 좋으려나

단풍이 물들면
온 세상 단풍처럼 붉게
한세상 어떠려나
이쁘고도 달콤한 당신을
이 세상 끝까지 곱게 물들이리

아침이슬 차가운 풀잎에 젖은 마음이 당신 어깨에
나란히 서 있는 눈동자에 나의 차가운 손을 얹어
하루의 피로가 아물어 가는 꽃잎 속에
당신 앞에 무릎 꿇으면
얼마나 좋을까요

단풍 한잎 두잎 떨어질 때
당신과 나의 사랑이
떨어지는 것 같아 움츠린 삶

단풍의 사랑을 담아
이 세상 끝까지 당신을 단풍처럼 물들어
온 세상이 단풍처럼 춤췄으면 얼마나 좋을까요

단풍 물들면 고운 단풍처럼
시름만 더해가는 어머니 가슴에
당신을 그려 어머님이
단풍처럼 곱게 이쁘게 잔주름이
늙어가면 얼마나 좋을까요

단풍처럼 고운 마음에
당신 얼굴을
가슴 언저리에 깊고 깊은 샘물이 되어
메마른 들판에 한줄기 호수가 되면 얼마나 좋을까요

겨울이 오면 당신은 떠나가고
다시 오는 임은 단풍 천사가 되어
이 세상 온 누리에 꿈과 희망을 가득 채워
나눔의 가을 단풍이 어두운 이 세상에
한 점 한 점 수놓아
목마른 생명에 가뭄 해소가 되었으면 얼마나 좋을까요

한 발 한 발 땀 흘러 다가가는 당신 앞에
환하게 웃는 모습이
사랑을 채우는 단풍만큼 당신 사랑을 느끼는 사랑만큼
시리도록 가슴 벅차도록 가슴에 담을래요

겨울이 오면
따뜻한 사랑을 당신이 품은 달콤한 사랑을
입은 외투 속에 따뜻한 모닥불 되어
꺼지지 않는 불꽃 되어 영원토록 당신 사랑을 느낄게요

또 하나의 단풍에 또 하나의 세월에
당신 이름을 단풍처럼 그릴래요

씨앗

꽃을 씨앗으로
가슴에 심었더니
꽃은 못 돼도
꽃을 그리워했다
사랑의 씨앗으로
가슴에 심었더니
사랑은 못 돼도
사랑을 그리워했다

벚꽃 눈송이

내가 누워 있는 곳에
벚꽃이 하얗게 하늘을 이뤘다
하늘도 벚꽃 위에 앉아 기지개 켠다
난 그 안에 갇혀 꽃향기와 하늘을 한가득 담았다
봄에 하얗게 눈이 온다
눈 속에 갇혀 겨울로 돌아간 흔적에는
벚꽃이 축제를 이뤘다
너와 나 바람결에 떨어져 인사하고 떠나는
그의 아쉬움에는 나의 얼굴이 묻어있다
봄바람은 봄 햇살을 안은 채
벚꽃은 함박눈처럼 거리에 하얗게 쌓여
바람에 휘날려 활짝 웃었고
봄바람을 친구처럼
바람결에 떨어져 죽음 앞에서도
한 치도 두려움 없이
밝은 미소 활짝 핀 얼굴
해와 달이 뜨고
일출은 떠도
그의 이름은 사라질지언정 간밤에 떨어져
도로에 뒹굴어도 바람결에 떨어져 밟혀도
내일도 볼 수 있을까?

바다

대한해협 통과하네
망망대해 끝없는 수평선의 바다는
오늘 기분 나쁜 듯 하얗게 무르익은
파도뿐이네
파도는 해일로써 배를 삼키려 하고
배는 바다와 공존 속에서 들쑥날쑥
몰아쉬는 파도 언덕에 몸을 맡긴 채

바람에 쓸리우듯 두리둥실 춤을 추네
시속 80킬로 달리는 물 위에 나르는
수중익선은 파도에 온몸으로 맞으며
날개를 접은 채 파도에 흠뻑 젖어
은빛 물살만 나르네

눈앞에 대마도가 그 위엄을 뽐내며
파도 위에 잔잔히 흐르네
옛 선조들이 왕래를 했고 거센 파도에

그때 그 시절을 연상케 하네
저 멀리 구름처럼 밀려오는 섬이 보이네
바위섬처럼 넓은 섬은 상선이네

섬처럼 보였던 상선은 점점 멀어져
기억 한 장을 담은 갈매기의 친구였고

수평선에 단둘이 파도 속에 외롭지 않았네
돌고래 떼는 등을 자랑하며 수평선의 꽃으로써
허공을 뛰어다니는 풍경은
과히 넘볼 수 없었네

창 너머 쏟아지는 하얀 파도 속살과
갈매기 돌고래,
하늘은 청명하였으니
3시간 거리는 내 인생의 절반처럼 느껴졌네
공황증 있는 난 파도가 때릴 때마다
주먹을 쥐었고 파도에 운명을 맡겨
한 마리 새가 되었다
드디어 부산항이고 마음을 놓았다

폭포

폭포의 눈물을 보았는가
산허리를 타고 내려오는 폭포여!
하늘의 눈물이 폭포처럼 쏟아져
세상을 메웠으면 얼마나 슬프겠는가

폭포여! 눈물이 마르지 않고
흘러 내려오는 세월
얼마나 무서웠을까
폭포수에 잠겼던
그 눈물 보았는가

떨어지는 찰나에
온몸으로 불태웠던 폭포여!
두 손 잡고 떨어지는
그 폭포는, 울음과 설움
절규는 산의 눈물이요

폭포의 눈물이 마르면
천지의 눈물이 메마르니,
폭포의 눈물은 산의 슬픔과
위로에 마르지 않네

폭포의 숨은 바위는 소리 없이
폭포의 등받이 속에
폭포와 같이한 이끼조차
마르지 않는 눈물
과히 누가 알랴

폭포 따라 흐르는 산의 계곡
바다와 하나 되어
바다는 폭포의 눈물이네

폭포는 침묵의 하얀 얼굴로
영원히 마르지 않을 것이네
우리의 눈동자만이
슬픔의 눈물을 잠재울 것이네

산의 눈물은 폭포요
푸른 산의 목마름은 폭포다

적막

가눌 곳 없고
스쳐 간 여름 길목에
아늑한 그 옛날이여
가로등 등대
별빛을 잠재웠으니
무성한 잡초만이
홀로 별빛 이룬 밤
수성과 금성 사이
은하수 푸른 물결 흐르는 이 밤
뜬구름 펼쳐진 저 은하수에
내 임 한 점 잡을 수만 있다면,
그 흔적을 꿈에서 펼치리라
나의 폭풍 속 가슴 하나
별을 깨운 이 밤
귀뚜라미 울음 달빛에
논밭 길 걷는 올챙이 한 마리
슬픔이 내일 부르도다

석양

석양이 호수에 내려앉았네
석양이 강물 따라 흐르네
하늘이 석양을 달구어졌네
석양이 하늘을 달구어졌네
구름도 바람도 석양 앞에 멈추네
하늘 석양 호수 한 몸 되어
붉게 타올랐네
하늘 오수 선홍색 얼굴로 곱게 물들었네
푸른 산은 석양 호수 경계선을 이루었다
눈동자만이 석양을 떨구고
석양은 하루의 안식처였다

사랑아

사랑아
너는 타도 타도 뜨거운 사랑이 식을 줄 모르니
네가 버리고 간 뜨거운 사랑은
네 사랑을 못 잊어 바람에 휘날려
네 뜨거운 사랑을 찾고 있는데
너는 바람조차도 외면하니
너는 그러다가 바람에 큰코 다친다

행복

행복은 멀리 있는 것도

행복은 거창하지도 않다

행복은 마음에서 우러난다

끓이면 끓일수록 마음에서 우러나는

진국이야말로 진정한 행복이다

조미료도 필요 없다

단지 사랑만 존재할 뿐이다

내면에 잠자는 의식을 끄집어내야 한다

3부

가지는 제 갈 길로 뻗어
지나는 행인들의 눈길을 사로잡는다
가로수는 줄지어
약속이나 한 듯 손님을 맞이하고
나는 보답하듯 그대에게 시선을 떼지 못한다

나의 별

눈물과 걸어서
한 많은 불빛은
저렇게 눈이 부신데

수줍은 별들은
아랑곳없이
바위틈에 숨어
나를 훔쳐본다

짤랑짤랑 불빛은
오순도순
나에게
빛깔 다가와
이슬졌네

우린 속삭이며
같이 걸으며
둥근달에 파묻혔고
둥근달도 더 둥글게
속삭이네

반짝반짝 빛난 별
구름 되어
물방울 초롱초롱
내린다

끝이 없는 별
끝이 없는 나의 별

한 잎 사랑

사랑에 메마른 꽃씨는
거리에 꽃으로 가득 찬 도시를 쫓는다

찬란한 태양 속에서
가로수 그늘 사이로 목놓아
한없이 달려가니
하늘 땅 나를 받아들이고

가로수는 추위와 외로움을 잊은 채
꿋꿋이 도시를 지키고
우뚝 솟은 봉우리는 하늘로 치솟고

가지는 제 갈 길로 뻗어
지나는 행인들의 눈길을 사로잡는다
가로수는 줄지어
약속이나 한 듯 손님을 맞이하고
나는 보답하듯 그대에게 시선을 떼지 못한다

메마르고 타버린 내 마음 한구석에
푸른 물결 춤추는 그대의 화려함은
나에게 온기를 불어넣었고

떨어진 낙엽 속에 고스란히
그대의 모습이 담겨있다

푸른 나의 온기에
그대가 내 마음 깊이 자리매김하여
나도 친구 되어 한 가닥 가지 많은
인생의 바람결에 그대를 맞이한다

난 그대 친구가 되어
고스란히 한 잎 남은 가지 잎으로
그대 향기를 맡고서
한 잎 마음으로
그대를 맞이하여 떨어지는
낙엽에 세월을 밟듯 그대를 아끼리라

계절이 말해주듯
그대의 앙상한 몸은
거리에 불빛으로 가득 차고
바람 잘 날 없는
가지는 씨를 맺어 꽃향기를 준비한다

태극기

태극기가 찬 바람에
팔랑팔랑 펄렁펄렁
애달파라 굳세어라
나라 사랑 애국 사랑
금수강산 푸른 하늘
너도 나도 국기 사랑

나르고 싶다

꿈속에서나마 현실 세계를 잊고
끝없는 날갯짓 하며
우주에 내 몸을 띄우고 싶다

꿈속에서나마 마음껏 날아가는
내 모습을 보고 싶다

꿈속에서나마 끝없이 펼쳐진
저 은하수 하늘 아래 내 마음을 전하고 싶다

우주에 난 한낱 보잘것없는 존재다
우주에 난 티끌 먼지만도 못하다

아예 흔적도 없다

그렇지만 마음은 태양처럼 뜨겁고
따스하며 달처럼 밝고 온화하며
우주를 밝혀주는 빛이 되리라

나의 바다

부두에 드러눕는 배들은 얼음 가득 채워
만선의 기쁨을 누리고자 먼 길을 헤엄쳐
쉬지 않고 간다
파도가 달빛 속에 먹이를 찾듯
배들은 숨을 죽인 듯 키를 낮춘다

잿빛 어둠의 배는
쉴 새 없는 파도의 몸부림에 난
도마 위에 팔을 뻗은 눈물짓는 마늘인 듯
숨을 죽인다

물 위에 떠 있는 뿌리 없는 나무는
너울 속에 이름표만이 눈물짓는다

화해와 타협 양보 없는 바다 가운데
하늘로 치솟는 파도만이
거룩한 일등이거니와
우린 대낮처럼 불을 밝혔고
세상에서 모여들어 웃음꽃이 피었다

파도에 젖은 갑옷은 무거움을 잊은 채

밤새 나의 옷깃에 파고들었고
담뱃불은 수평선에 타오르는 한줄기
등대로써 폭풍에도 꺼지지 않았다

우리의 울부짖는 소리는
파도 소리 되어 잠자던 등 푸른 꽃을 깨웠다
잠을 자기를 바라던 파도는
밤새 나의 뺨을 때려 하얗게 물들인
난 소금이었다

두 눈 속에 감춰진 나침판은
아침을 밝혀 내 몸이라도
그곳에 다다를 수 있을까

세월

나를 맞이하는 세월이여
나를 보내는 세월이여
세월의 옷자락이라도 잡아보련만
세월은 바람처럼 머물다 우수만 남기네
구름 따라 세월을 걸으니
앞은 안 보이고
바람 따라 흐느껴 우는 사랑밖에 안 보이네
세월의 어머님
주름살만 늙네
세월이 흘러 흘러
나를 반겨주는 이는
나이밖에 없으니
세월이 야속하다
너와 내가 세월에 즐기는 건
우리 모두 행복일세
세월은 치맛바람 되어
어디로 가는지 모르니
바람 따라 구름 따라가련만
인생은 허락하지 않는다
세월을 딛고서 일어나는
우리 모두 됩시다

열매

백 가지 천들 무슨 상관이랴
내 마음에 백지 한 장 거둘 수
있으려나

이 마음 가냘픈 백지나 세상 앞에
허물 거둬 우뚝 섰다

세상 앞에 내 손가락 하나라도
거둘 수 있노라면

세상 앞에 내 마음 하나라도
기꺼이 내놓는다

지금의 노력은 부끄러우나
훗날 열매 맺는다

어머니 1

평생 흙으로 일궈진 당신이여
손의 굳은살이 세월을 말하노라
세월은 무심하게도 당신께 고생만 안겨드렸지요
이 어찌 자식 된 도리로서 눈을 감으리오
당신의 젊은 청춘은 당신을 외면한 채 고생만 시켜
눈가에 주름살이 고생의 흔적으로 남아 있구려
사랑으로 시작해서 인생을 피눈물로 사셨고
오로지 자식 위해 헌신하니
잔주름이 굵어져 아까운 청춘을 잃었죠
평생 흙으로 삶을 살고 흙으로 눈물을 맺으니
어머니 모습에 살아온 때가 고스란히 묻어 있어
당신 모습이 살아온 세월보다 무겁습니다
어머니가 지핀 새벽 아궁이 불씨는
우리들의 등불이 되어 세상을 밝혔지요
연기는 헛되지 않고
구름 되어 비를 뿌려
메마른 땅에 생명을 살렸지요
아버지가 쌓아 올린 담벼락은
세상을 쌓아 계단이 되어
어두운 이곳에 버팀목이 되어
다리가 되었으리

이 어찌 부모님 정성을 잊으리오
담벼락의 풀잎은
숲을 이뤄 우리의 산소가 되어
생명의 밑거름되어
여기까지 살아남았으리
효도할 일만 남았죠
뜨거운 햇살을 잊은 채
호미로 밭을 갈고
맨발로 땅을 일구고
신선한 바람이 불어
어머니의 옷자락에 스며들어
힘든 하루를 잊으며
저녁을 맞이하는 건 석양이었죠
석양에 비친 어머님 모습은
석양보다 아름다웠습니다

어머니 2

눈을 떠도 마르지 않는 눈물
내 몸을 적시고
당신을 적신 눈물

무식한 놈 사람 되려나
먹물 쳐 이 몸 까막눈 재주 없어
몸뚱어리라도 효도하련만

부모님 앞날에
이슬 적셔 눈물마저 세상 재워
내 눈물 부모님 슬픈 모습
잠재우려나

이 몸 부르노라
효도 못 한 굳은 손
부끄러워 손이 튼다

은하수 깜박깜박
구름 되어 내린 눈물

어머니 맨발로 동네 잠재웠으리

동네 우뚝 선 전화박스
어머니 숨소리 세상 속으로
뛰어가더라

어머니 울 어머니
눈물이 눈을 적셔
내 이름을 부르도다

안개 거리

이른 새벽 동이 틀 무렵 이슬 맞은 한 송이 들꽃
자욱한 안개 들이마시며 가쁜 숨을 내쉬며 고개 든 들꽃

곱게 핀 안개 길 따라 고이 잠든 들녘
내 머리채를 잡고 떠나는 야심한 안개 덤불

칠흑 같은 어둠을 하얀 안개가 대지의 허물과 오염을
덮는 그의 시선에 눈시울이 붉은데

가객 없이 혼자 나부끼는 점멸등 눈이 시린지 쉴 새 없이
이 밤을 눈물로 반짝이는 노란 점멸등

안개를 휘잡는 나의 텅 빈 늪
어두운 심해 속으로 고동 소리 들을 때 귀 기울였던 당신

허우 둥치는 먼바다 폭풍을 등에 업고 돛대 없는 날개
당신이 내밀었던 무지개 사이로 거닐던 섬과 섬 사이

바람이 성내면 우리의 인연이 요동쳤던 바다
바람이 성내면 너울 속 미소가 수평선의 하얀 눈물
바람이 성내면 그 파랗던 미소가 하얀 눈물로

바람이 성내면 너와 나의 수줍던 미소에 단풍 같은
사랑을

사방에
흩어지는 은행잎 단풍잎 한가득 담아
단풍은 여름에 우리 사랑을 담았던 해바라기 가슴에
은행잎은 앞으로 만들어가는 우리 사랑에 곱게 새겼다

사랑으로

사랑은 무엇인가
주는 걸까 받는 걸까
무엇을 찾기 위해
무엇을 얻기 위해
여기까지 왔는지 모른다

어느 날 갑자기 알았지
빈손으로 왔다
빈손으로 가는 인생
하나 건져간다
바로 사랑이다

동물은 가죽을 남기고
사람은 이름을 남기니
이름 석 자 사랑을
꽃을 피우기 위해
이 한 몸 헛되지 않는다

삶은 사랑을 먹고살고
삶은 고독을 씹으면
배가 아프고 시리다

삶은 릴레이다 배턴 없이
조건 없는 무조건 사랑이어야 한다

삶은 돈을 빨리 담는가
아니고 사랑을 많이 담는가
행복하는 야다

삶에서 젤 행복한 날은
사랑을 듬뿍 받았을 때다

어느 누구도 내 삶을
헤아리지 못했으니 그것은
내 사랑이 부족해서였다

누구나 사랑을 받고 싶어 한다
옳고 그런 것을 따지지 말고
무조건 사랑으로 베풀어라

나는 배가 고프다
밥이 아니고

사랑이 고프다
사랑을 충족시켜 줄 수 있는 이는
어디에도 없다

그것은 내가
사랑을 안지 않았으리라

사랑을 조건 없이
무조건 베풀어라
사랑은 아무나 할 수 있다
부끄러움만이 그대의 용기를
북돋아 줄 수 있노라

꽃은 피고 지고 자연의 순리이고
웃음꽃은 마음대로 피울 수 있고
사랑의 꽃은 아끼지 말고 당장 피워보세

등대

수평선의
반딧불 등대

너와 나는
등대를 안고서

모진 바람이 가슴에 벅차
내일을 기약했던 등대

인연의 고리를 찾으려
바다의 등대가 되었나
내 눈물만큼 불을 밝혀다오

등대 사랑은 춤추는 갯바위
마음 한 켠 등대처럼
길을 열어주리라

파란 하늘

마음이 얇아지는 것 같다
이뤄 견딜 수 없고 아침에 나를 맞는 건
햇살이 나를 부른다

창문을 여니 구름 한 점 없는 파란 눈동자에
하늘이 내 앞에 거대하게 다가온다

내 눈과 하나 되고 내 마음까지 깨뜨렸는지
지칠 줄 모르고 하루를 그린다

우린 하나 되고 거기다 태양까지 거든다
그동안 쌓였던 어둠은

태양에 불태운다
태양에 젊음을 불태운다

바다처럼 파란 하늘은
너무 선명해 내 마음을 사로잡는다
행여나 구름 한 점 올까 하지만
푸른 하늘을 돕듯 어디론가 사라져
생명의 밑거름을 준비한다

그의 풍경에 한 마리 새가 난다
밤하늘에 별들은 사라지고 잠시 저녁에
나에게 안길 채비를 준비한다

검은 내 마음도 파랗게 되어 그대와 같이 있노라면
내 마음도 파란 하늘에
내가 있는 것 같다

내 삶도 파란 하늘을 담고서 자연과 함께
멋진 하루를 보낸다

그대가 있어

언덕을 오르니
그대가 있어 힘들지 않더라

그대를 찾아봐도 그대는 없으리
안고 가는 그대는 바람이었네
감사라도 하련만
그 바람은 당신이었네

옷깃에 낙엽만 남긴 채 홀홀 남기고 간 그대
그대 바람 옷 바람 발길 떨어지지 않아
깨어보니 꿈이었고
그대 풍경이 나를 그리더라
나는 주저앉아 용기와 놀았노라

산은 눈앞에 있고 발길이 무거워
포기하고 싶지만 정상이 불러 오르니
단풍 계곡 산새들 응원하니
낙엽 따라 산을 넘어 넘어 구름을 걸었으니
산새들과 별들과 하루 묵는데
이슬이 깨우더라

고향길

하늘에 꽃들로 채워
구름은 씨를 뿌리고

그의 위대함이 싸락비 비늘에
차를 덮쳐 거미줄 되어

눈송이 거품에 차들이 이름 모를
그 행렬이 끝없는 가로수 되어
고향길이 가시밭이다

그의 행렬이 자그마치 설 연휴보다 길까
두려워 마음을 붙들려 매고 도전도 없고
고향을 등져

평생을 타향살이로 적지 않다
오르고 싶어도 갈 수 없는 처지에 놓이게 된다
도시를 탈출해 피난길 오르자 바로 고향이다

김해 하늘

김해 하늘은 늘 비행기 소리
새들이 춤추며 오고가는 인연
하늘의 별처럼 많기도 많다
하늘의 비행기 틈바구니 속에 김해는 늘 분주하다

아스라이 펼치는
그 창공은 도시의 눈과 귀를 모으게 하고
꼬리에 새를 물고 쏜살같이 날아
날개는 내 머리 위로 꽃잎 떨군 채 유유히 사라져
밤낮으로 창공을 연다

나르는 새들도 비행기 꽁무니 쫓아다니다 지쳤다
나는 즐겁다 내가 못다 한 꿈을 비행기가 있어
나의 공허함이 사라진다
그가 닿는 세상에 난 공상에 젖어 든다

이놈의 비행기 소음!
사람들 발길조차 입을 모은다
그러나 창공을 연 한 마리 어미 새가 되어
하늘 땅 새 하나로 묶었다

밤이면 달 속에 낮이면 태양 속에 술래잡기하듯
마치 창공에 곡예를 부리듯
붉게 불던 석양에 꽃이 되어 저 먼 하늘 세계로
신토불이하게 사라진다

난 돌아올 비행기 하나 기다린다
내가 꿈꾸던 사연 하나 기다릴 뿐이다

구름은 잎사귀를 열며 언제든 솜사탕처럼 반긴다
인생은 비행기 타고 끝이 없는 세계여행이다

부모님

 밤하늘에 반달은 어머니 얼굴처럼 더 둥글게 빛나고 그 사이 별들은 부모님 은혜에 총명한 눈동자요
 귀뚜라미 새들은 부모님을 노래하듯 자취를 감추고 별들은 부모님 모습으로 나의 눈동자에 스스럼없이 앉은 그대
 내가 거닐던 자전거 길목 잠자리 떼는 부모님 사랑으로 마주 앉고 같이 걷는 논두렁 골목에 가을을 낚는 기러기 부부 부모님 모습처럼 다정스럽게 보이네
 구름이 펼치진 저 광경 속에 비행기 하나 사라져 해를 넘어 달이 돌아 또다시 해가 뜨고 빙빙 돌아가는 구름은 세월을 낳고 온데간데없는 처량한 나의 존재가 숲을 이룬 밤하늘
 내가 심심찮게 찾는 마늘
 한평생 마늘 한 쪽에 술을 드셔 술 속에 세월을 담그신 아버지
 마늘 한 쪽에 추풍낙엽처럼 사시던 아버지
 난 아버지 따라 조그마한 배 언덕에 태평양의 노를 저어 섬들로 자리 잡은 형제섬 바위틈에 그물을 던져 어린 나는 바다에 몸을 담겨 고무신 하나 얻었지
 그 바다는 남쪽 끝자락 새들의 고향 한려수도 파도는 비에 젖고 갈매기만 나르는 그 바다는 다시금 내 앞에 못

이루고 눈물이 평생 멈추지 않는 풍파 속에 섬 하나 내 가슴에 영원히 자리 잡은 울 아버지, 모질게 살아오신 어머니
  십 원짜리 하나 아쉬워 마을 어디든 집집마다 부끄럼 없이 인사하시던 어머니
  한평생 호미로 밭을 갈고 맨발로 땅을 이루신 어머니
  그 땅은 옛고향 사량도 내지마을
  동서남북 부모님이 가꾸시던 산비탈 넘어 우리 땅 이젠 자연에 주인공 되어 등산객들 발자국만 남네
  숲을 이뤄 흔적조차 찾을 수 없는 산과 들은 들꽃으로 꽃잎 떨구네
  그런 우리 부모님
  팔순 바라보는 어머니
  국민학교 문턱에도 못 가신 어머니
  변변찮은 가정에 마음 하나 자식 하나로 평생을 농사일에 이제는 아늑한 그 옛날! 젊은 시절 울 어머니 온데간데없고 세월이 말하듯 몸이 부풀어 한 걸음도 못 걸으시고 지팡이 하나에 몸을 맡기신 우리 어머니 저에게 업히세요 하니, 이 아야 됐다 무겁다 넘이 볼까 부끄럽다 하시는 울 어머니!
  마음은 이팔청춘이신데 몸이 안 따르군요 눈물이 핑 돕니다 부모님 생각하니 마음이 아프네요

그날 속으로

 그때의 함성이 이 가을 초입에 물밀려 오듯이 내 마음 깊은 곳까지 샘물처럼 쏟아 흘러내립니다
 가을을 품은 여름을 추스르지 못하고 그때의 함성에 젖어 이 밤이 그때 그 시절이 내 몸에 온몸으로 전율을 느낍니다

 그때 여행을 떠난 나의 기억은 조국과 민족을 위해 한 몸 바친 선열들의 애끓는 분노는 이 밤을 삼키지 못합니다

 지금 시대 난 평화와 자유를 온몸으로 느끼며 당연한 것처럼 느끼는 자유 뒤에는 선열들의 땀과 혼이 배어있습니다

 국토를 물든
 그때의 함성이 없었다면
 오늘날 나의 자유와 번영을 누릴 수 있겠나이까!

 그때 그 시절 나였다면!
 파리 목숨과 같은 빗발친 전쟁터에서 과연 목숨을 걸며
 창과 칼 속에 총탄 속에 피 한 방울 이슬에 맺혔겠나이까!

새삼스럽게 나 자신에게 물어봅니다

내 한 몸 살기 위해 발버둥치는 요즘 나라와 겨레에
한 몸 던지는 사람은 흔치 않을 것입니다

나 자신이 그때 그 시절 나였다면,
이 한 몸 살리기 위해 쥐구멍이라도 뚫기 위해
고진감래를 서슴지 안 했으리라 믿습니다
나에게 조용히 물어봅니다

무엇과도 바꿀 수 없는 게 생명
무엇과도 소중한 가족을 버리며
전선에 뛰어든 때 안 묻은 청년들은 총 칼 속에
피 흘린 국토는 그대 이름을 모릅니다

너 2

저 해가 뜨면
잠 못 드는 별이 되어
너를 안으마
저 해가 지면
보고픈 별이 되어
보고픈 너를 안으마
사랑이 질 때까지
내가 질 때까지

물동이

한 많은 가슴
천근 만근이고
가마솥 배고파
마음은 새끼들
물동이 쏟아질세라
엉덩방아 춤을 추네

욕심을 버리자

잘못된 인연으로 평생 씻을 수 없는

아픔과 고통을 느끼며 돌이킬 수 없는 삶을

살아가는 이들이 주위에 있지요

옷깃만 스쳐도 인연이고 인연은 다 소중하고

고귀한데 그 인연을 이용하여 지나친 탐욕으로

인간관계 깨지는 것을 보니 안타깝습니다

욕심을 버립시다

고향

고향은 나의 영원한 삶의 동반자요
고향이 있는 한 나의 삶은 영원히
고향을 노래할 것이오
꽃들은 생명 다하는
그날까지 한 몸 한뜻으로
피고 지고 고향을 노래하듯
나 또한 생명이 다하는 그날까지
내 가슴에 고향을 품어 영원히
고향을 노래할 것이오
고향에 숨 쉬는 산과 들은
영원한 푸르름으로
나의 가슴에 영원히 자리 잡을 것이오
고향이 부르는 한가위
타향살이 눈물겹도록 지겨운 삶
고향을 노래하며
고향의 파도 소리 땅 소리 들으며
눈물겨운 삶은
밤하늘의 뜬구름에 날려 보낼 것이오
고향의 향기는
이 가슴의 그리움의 꽃향기가 되어
내 가슴에 영원히 고향을 노래할 것이오

4부

힘들고 지쳐도 당신 모습을 떠올리며

세월 속에 날려버립니다

당신은 내 마음속 깊이 파고들어

숨소리가 느껴지고

나의 그림자가 되었죠

내가 사는 것은

친구는 인생을 같이 걸었다
공부가 아닌 우정을 같이 걸었다
우정은 돌아오지 않을 강을 걸었다
그것은 변치 않은 우정이었다
무엇과도 바꿀 수 없고
무엇과도 되돌릴 수 없는 게 우정이다
생명이 다하는 날까지 우정은 변치 않을 것이다

살아있는 것은 가슴이 쿵딱 쿵딱 뛰는 숨소리이다
숨을 마시고 내뱉고 산소를 맡고 하늘에 감사해야 한다
쏟아지는 별들도 숨을 쉰다
내가 글을 쓰는 것은 재주가 아니다
글을 못 쓰는 사람도 충분히 쓸 수 있다
내 아픔을 나누고 싶어서이다

나는 늘 우뚝 서 있다
나무처럼 우뚝 서 있어 오고가는 새들의 휴식공간이다
나무는 그림자를 슬퍼하지 않는다
산에 그림자가 기울면 도시가 잠든다
마음이 그리우면 세상이 거꾸로 보인다
고로 마음을 열면 세상이 눈 앞에 펼쳐진다

허무가 기쁨을 낳고 절망이 희망을 낳고
그리움이 꽃을 떨구고 사랑만이 꽃을 채운다
사랑 앞에선 고독이 잠든다

나는 항상 설레발을 쳐서 일을 망친다
게으른 자는 절대 기회 오지 않는다
남이 보지 않는 곳에서 묵묵히 일하는 자는
언젠가는 인정받는다 인생은 고난의 연속이다
굴곡진 산과 같다 인격은 익으면 고개 숙이고
벼도 익으면 고개 숙인다 부자는 고개 숙이지
않는다

있는 것은 곧 불행하고 곧 슬픔이 따른다
슬픔은 이별을 낳고 이별은 행복을 낳고
행복은 가난을 낳고
가난은 목마른 가슴에 천 리 길 가는 행복이다

하늘이여

하늘이여
꿈을 앉고 꽃을 피운
어린 빡빡이
모진 세월이여

하늘의 이슬조차
버거운 삶들
하늘을 원망하랴
나를 원망하느니

생명을 주옵소서
하늘에 항상 감사할
따름이요

이국땅 들꽃 안고
임 그리운 달빛
창가에 앉아
눈물 머금고
가슴 앓던
모진 세월이여

해바라기 고운임
임 닮은 둥근 얼굴
해바라기
꽃잎 이슬 적신 날
철쭉꽃 피는 날에
임 찾으러 가세

새해 2

새해 첫날 새해 햇살
창문 사이 무지갯빛
눈부시게 빛깔 고운
강렬한 빛 희망의 빛
이 가슴에 희망 가득
소망 가득 작년 한 해
못한 꿈은 훌훌 털고
환희 설렘 기쁨으로
가득 채워 올 한 해를
만사형통 열고 싶다

초심

네가 뛰어놀던 초심을 잃지 말거라
너의 초심은 다른 사람 아닌
너의 얼굴이 초심이라
보는 이 없다
함부로 날뛰지 말고
보는 이 있다
함부로 시건방 떨지 말고
저 길 잃은 영혼이 행여나
말문을 잃어 길을 잃었다 할지라도
함부로 풍선처럼 부푼
가슴을 도려내지도말고
함부로 속 타는 가슴을
내뱉지도 말고
사람을 가리데 좋은 점만 가리데
사람을 저울질하면 안 된다

동행

　무리 지은 철새들 행여나 떨어질세라 서로서로 손잡고 허공을 나른다 밑에 무리 지은 차들은 먼저 가기 위해 앞다 뤄 손을 놓았다

　자평!
　손은 그냥 있는 게 아닙니다 담기 위해 나누기 위해 몸바쳐 생명이 다하는 날까지 그대를 감쌀 때까지
　손은 놓지 않습니다
　살다 보면 일손 사랑손 밥 먹는 손 손이 거머쥔 새끼손가락부터 주먹을 쥔 나의 가슴으로 마음 하나면 내 세상처럼 아우르겠지만 뜻대로 되지 않는 게 인생사입니다
　대인관계에서 싫었던 손은 가슴 하나 내주고 좋았던 손은 은혜를 베풀어야 합니다 무조건 마음에 손을 얹어 더불어 사는 공동체 속에 하얀 미소의 손길로 이 세상에 카펫을 깔아야 합니다 가는 길이 험해도 세상과 손을 잡아야 하고
　설사 오늘 길이 험해도 세상과 손잡아 물리쳐야 하고
　세상은 우리들의 낙원이자 숙원으로 어루만지는 이 세상이 되어야 합니다
　구름과 바람이 손잡고 폭풍이 자고 나면 청아한 하늘에 우리 사연 하늘에 띄워보내지 않습니까

부모 자식 간에도 조건 없는 사랑으로
손을 잡고 부부도 따뜻한 손으로 어루만져 주고

이 밤을 사랑이 흘러넘치도록 달님이 시샘하듯 창가에 고개를 빼꼼히 내밀도록 손을 잡아야 합니다 입에 맞는다고 과식적 행동으르 손잡고 입에 안 맞는다고 헌신짝처럼 버리고 하면 손이 거칠어집니다

때론 원수도 내 이웃처럼
내 따뜻한 손으로 보살펴 줘야 됩니다
원수의 손도 따뜻한 손이며 원수가 원수를 낳기 때문입니다
자동차처럼 경음을 내며 눈을 부릅뜨고
빨리 가본들 뭐 합니까
어차피 종점은 똑같은데
무리 지은 철새들처럼 손잡고 눈치 하나로 아우르는 그대의 미소에 담아 따뜻한 손으로 사랑을 만듭시다

청춘을 뽑아버렸다

이빨아 이빨아 청춘도 인생도 뽑아버렸다
오복 오복 우린 오복이었나
우린 서로 인연이 아니었나
하늘 아래 잔잔히 자리 잡았지
한 지붕 아래 촘촘히 자리 앉았을 뿐
형제들은 서로 다투어 먼저 떠난다고 와글와글
길을 나섰지
난 너에게 온기조차 거름조차 사랑으로
잡을 수 없었어
뿌리가 튼튼해 어느 누구보다 부럽고 소중한 너
세상에서 젤 완벽한 몸매였지
난 게을러 너를 안지 못해 우린 길이 아니었나
평생 지켜줄 수 없어 너무 일찍 떠났어
내가 미웠어!
뚝뚝 떨어져 내 살점이 내 살점이 떨어져
눈물로 메워 채워지지도 못한 삶
고통을 참으려 큰집에 갔더니
숱한 세월의 멍 자국은
푸른 산을 이뤘다
엄마 품에 안겨 금빛 물결로 줄을 지었건만
맺지 못한 열매 어디 하소연할까나

쌀 한 톨 포옹 못 해
입이 있어 말 못 한 시절 누가 알랴
이빨 빠진 호랑이 세월 긴긴 세월 누가 알랴
자국 자국 발자국 텃밭에
새로운 나무들로 자리 잡아
우뚝 서 하나하나 멋져 보입니다

웃음은 반성이다

웃음꽃을 피워보세요
더 늙기 전에 용기는 나의 실물이오
당연히 그릇이 짧으니 안 되는 것은
이 세상천지에 없어요

이 순간 나에게 닥치는 대로 얽매이지 마세요
나를 맞이하는 건 그대 사랑이오
노력을 안 하니 복이 따르오

있는 복도 날아가나이다
한평생 청춘이어라
지금 있는 청춘 영혼 안 하이다
청춘은 짧아요 그릇된 노력으로 후회 마세요

청춘을 살리지 못한 이는 그대여
그 어떤 불혹과 어둠은 청춘 앞에 무릎을 꿇더라
내가 있는 것은 내가 있으니까 아니고
내가 없기에 나를 만들어 줬더라

인생 끝은 누구나 생각 싫고
누구나 맞이한다

죽음은 오늘 내일이 될 수 있고
항상 준비하면 장수한다
장수란 생명이 아니고 삶이다

청춘은 젊음이고 밥은 생명이다
사랑을 위해 먹는다
사랑을 위해 고독을 씹지 않는다
용기 있는 자는 두려움이 없다

비굴한 자는 행동 대신 마음이 앞질러 대가가 따른다
거울 앞에 내 모습 봐봐 거울은 거짓말 안 한다
인생도 거짓 없다 내 노력하에 모든 게 있다

항상 거울 보며 반성해라
세상이 거울 앞에 있고 마음의 거울이다
내일 해가 뜬다 나도 뜬다 해는 진다
나는 지지 않는다

영원한 것은 없으리 지금 이 순간
두 번 오지 않을 길이여
그 길을 가지 마라

영혼을 부르다오

너를 사랑하는 건
내가 숨 쉬고 있기 때문이고

너를 사랑 않는 건
내 숨이 고르지 않기 때문이다

네 숨이 쉬는 한 너의 숨은 내 숨이고
내 숨은 너의 숨이다

목숨이 붙어 있는 한
너의 숨을 내 가슴 깊이 품을 것이다

내 숨이 멈추면
내 가슴 깊이 네 영혼을 부르다오
영혼이 잊지 않게

털어놓고 싶습니다

저는 부족합니다 무식합니다 아는 게 없습니다 있는 그대로 보여집니다 거짓말은 저에게 용서치 않아요 그렇지만 솔직하고 순수성은 본성이고 정직은 노력합니다 정직 하나로 노력하는 사나이죠 늘 머리에 떠오르지 않아 병인가 해서 치매 기억력 상실도 생각해 봅니다 물론 공황중이 젤 큰 원인입니다

병원 문턱에 안 간 저였는데 공황중은 병원을 제집처럼 마련해 주었고 이 병원 저 병원 전전해 가슴에 피멍이 들어 남들 하루하루 재미 난 삶은 나에겐 하루하루가 바람 앞에 등불 되어 만신창이 몸으로 스스로 답답해하고 한스럽고 인생의 숱한 과제를 남겼습니다 제가 젤 부러운 분은 머리가 좋은 분입니다 그렇지만 머리는 좋지만 부족한 노력으로 부모님 기대에 어긋나는 사람 많습니다

저는 최선을 다해 노력한 적 없습니다 중간에 하다 머리 나쁘다는 이유로 스스로 포기했습니다 아마 머리 좋은 친구랑 똑같았으면 내 성격에 대통령쯤 되어 있었겠죠 그것도 모르고 늘 부모님 형은 공부 공부 귀 따갑게 들었습니다 머리 나쁜 줄도 모르고 말입니다

결국 잔소리 듣기 싫어 노력 끝에 운전면허 땄습니다 제가 공부해 최초로 자격증이자 자랑거리였습니다 선척적으로 머리 나쁜 것 같아요 아마 정상적 머리라면 꿈의 직장에 안

겨 남들이 말하는 대기업 공무원, 어떤 게 꿈의 직장인지 모 르지만요
네 그렇겠죠 난 정말 안 되는구나 하는 생각 일찍 깨달았 습니다 아마 초등학생쯤 친구들 선생님 질문에 보답하듯 칠판에 또박또박 써 내려가 자랑했죠 난 칠판 지키고 우두 커니 서서 칠판만 바라보고 있었어요 분필이 아까웠습니다 친구들은 수업 마치고 구슬치기 팽이치기할 때 홀로 교실 에 남아 창문 너머 운동장을 바라본 채 머리에 들어오지도 않는 공부, 하늘만 쳐다보았지요 지금 생각해도 코 흘릴 때 일이지만 평생 한으로 남아 지워지지 않네요
그때 부끄러웠습니다 지금 생각해도 말입니다 친구들 솔직 히 어릴 때 나에 대해 기억 잊히지 않을 거예요 공부 못 하 는 일등 친구로 말입니다 그래서 머리 크고 철이 들어 어차 피 안 되는 거 고등 교육 포기하려 했으나 까막눈 어머니 덕분으로 고졸은 했습니다
어머니는 국민학교 문턱에도 안 갔으니 가나다라 벽을 못 넘었습니다 그래서 못 배운 게 평생 한이 맺혀 자식들에겐 대물림하기 싫었죠 한평생 조건 없는 헌신적 사랑으로 평 생을 자식에게 맨발로 청춘을 바쳐 숱한 어머니 가슴에 멍 자국이 자욱합니다 성인이 되어도 부모님 정성을 한참 이 해 못 했죠 배움은 끝이 없는데 쓸데없이 고졸해야 하나

말이죠 요즘 대학 기본인데 말입니다
어린 마음에 도시락이나 축내고 시간만 때우고 산만 한 아이 공부 못하는 아이는 세월에 묻히고 애들 네 명 아빠 속에 이 자리에 왔습니다
친구들에게 정곤은 고정관념으로 지워지지 않으리라 믿습니다 공부 뒤에서 일등 말 없어 내성적 혼자 노는 아이 머리 아픕니다 공부는 인생의 성적순은 아닙니다 내가 말하는 성적순은 공부가 아니라 인격입니다
이젠 50 바라 보죠 직업에 귀천 없습니다 자기 적성에 맞아야 합니다 힘들게 공부해서 대기업 공무원 들어가 적성 안 맞아 그만 많이 둡니다 군대 식이니까 적응 못 하죠 대기업 공무원 직업 귀천 있다 하겠죠 없습니다
이 세상 직업 다 소중하고 고귀합니다 톱니바퀴처럼 이뤄져 있죠 어느 하나 소중 안 한 게 없습니다 전부 의사 판사면 궂은일 누가 합니까 직업 귀천 있다 말은 그들만에 허상입니다
한국은 유난히 집 직업 차 따지죠 직업으로 사람평가 합니다 안타깝죠 그래서 젊은이들 한국 싫어 외국으로 떠납니다 조선시대와 똑같습니다 시대는 다르지만 눈에 안 보이는 풍습 그대로 따르죠 사람 됨됨이로 인격을 좌우하는 시대가 왔습합니다 죄는 밉되 사람 존중 말이죠

물론 인류 문명에 크게 기여한 분 노벨상 있었죠 그분들 존경해야 합니다 그분들 있음에 편리한 생활을 누릴 수 있었죠 그분들 머리도 좋지만 인격도 좋습니다 공부는 인류 문명의 발전에 기여할 뿐 직업으로 등급을 매기는 것은 옳지 않습니다 인간은 완벽할 순 없습니다 부족한 부분 누구나 있죠 나는 내세울 것 하나도 없습니다 그러나 사람처럼 살려고 노력합니다

태양

눈부신 태양이 윙크한다

태양처럼 뜨겁게 살아보라고

아름다운 대자연을 만끽하며

눈을 부릅뜨고

가슴을 활짝 펼치고

아름다운 세상을 즐겨보라고

그리하면

너와 내가 태양처럼 뜨거운 사랑을

이 세상에 펼칠 것이라고

친구

이 우주의 일원으로서
이 은하의 일원으로서
이 지구의 일원으로서
이 사회의 일원으로서

소속 하나만으로도 정말 행복합니다

낮이면 태양이 응원하고
밤이면 달이 응원하고

난 밤낮으로 변함없이 응원하는 친구들 덕분으로
이 세상 꿋꿋이 살아갑니다

내가 지쳐 스러져도

아침이면 언제든 태양이 맞이하지 않는가
저녁이면 언제든 별이 안기지 않는가

언제나 마음을 씻어주는 저 바다가
언제나 희망을 주는 저 하늘이 있지 않는가

언제나 산과 들은 나의 다정한 이웃처럼 포옹하고
아름다운 꽃들은 계절마다 그 향기를 담고서

난 변함없는 친구들 덕분으로 이 세상
변함없이 살려고 합니다

난 혼자가 아닙니다
언제나 눈만 뜨면 안기는 그분들

때론 슬픔을 던져 주더라도
진정 속내는 나를 사랑한다고요

하얀 달

태양을
질투라도 하듯

간밤에
너의 미소
온데간데없고

하얀 구름이 되었구나

창백한 너의 모습이
구름인가 달인가

희미한
안갯속에
왠지 슬퍼 보이는구나

밤이면
초승달 되어
환하게 미소 짓고
있겠지

사랑 2

아빠의 인생은
꼴찌 인생이었다

어느 것 하나
내세울 게 없었다

그렇지만
너희들 네 명은

아빠의
유일한 일등이었다

사랑이 있어도
사랑을 모르는

삶 속에서 사랑의 씨앗에
눈을 떠준 너희들이다

나의 불꽃

욕심은 과욕을 부르고 거울 앞에
모습은 불꽃으로 하늘을 날고
마음은 허공을 날고 하루를 여는 건
손에 얹어진 불꽃이다

밥상에는 욕심이 부르듯 세월이
산더미처럼 쌓여 산을 이뤄
나의 마음을 사로잡는다

이 몸을 비우고 넘으려 애써 보지만
좀처럼 앞서가려는 나의 불꽃
거울 앞에 불꽃으로 타오르는
어깨는 지칠 줄 모르고 하루를 낚는다

거울 속에 손보다 마음이 앞서 일을
그르치네 거울 속에 손은 춤을 추듯
불꽃에 연기가 되어 세월을 마시고
땀에 땀방울은 나의 입김에 흘러
거친 숨소리를 만드네

거울 앞에 온통 나의 불꽃

나의 불꽃을 맞이하는 태양이여

태양은 내 거울 앞에 어둠을 밝히고
잔잔히 스며드는 한 줄기 빛은
넝쿨이 되어 나의 불꽃에 앉는다

나의 불꽃은 작지만 태양처럼 뜨겁고
젊음의 불꽃으로 긴긴 세월
꺼지지 않는 불꽃으로 영원히 남으리라

그대 목소리

꿈인가 생시인가 모른다
내가 있어 그대가 보인다

그대가 앞에 있어
나를 위로해 줄까
그대 음악 소리
내 마음 적셔 도시가 떠나가더라
울부짖는 소리 공간을 채웠더라

나의 귀는 그대를 듣노라
어둠 속에 그대 못 잊어라
꿈을 펼쳐라

그대 꿈은 앞에 있거든
그대 꿈은 어둠을 밝혔노라
그것은 내가 그대 옆에 있더라
나를 채운 목소리 그대를 꽉 채운다

평생 못 잊으라
꿈에 잊으라
바람에 잊어라

그대 목소리
세상 잠재울까
내가 그대 이름 채우려나

그것은 세상을 감는
그대 아름다운 목소리여라

줄줄이 잎새들 끝이 안 보이거든
매달려 애써 달려가 보지만
도시를 깨운
그대 목소리

당신 2

하루를 지치다 당신 생각으로 잠들죠
아침 햇살이 생명을 깨웁니다
생명들은 보답하듯 날개를 펴고 옷깃을 여미죠

나를 깨우는 건 다름 아닌 당신 모습이죠
나를 깨우는 건 알람 소리가 아닌 당신 얼굴입니다
하루를 여는 건 당신 모습이며 하루를 잊는 것도
당신 얼굴입니다

힘들고 지쳐도 당신 모습을 떠올리며
세월 속에 날려버립니다
당신은 내 마음속 깊이 파고들어
숨소리가 느껴지고
나의 그림자가 되었죠

내 생활 발자취 어디에도 당신의 숨소리가 느껴지고
당신의 따스한 손길이 느껴집니다

갈 곳도 의지할 곳도 없는 인생의 긴 호숫가에서
마르고 말라버린 내 마음을 당신은 스스럼없이
따뜻한 온정의 손길로 나에게 다가왔죠

이젠 내가 다가갈 때입니다
당신은 나의 부족한 부분을
모든 것을 끌어안고 감싸 안았죠
평생 잊지 못합니다

당신에게 바라는 건 물질이 아닌 영원한 사랑이며
변치 않는 사랑입니다 세상에서 꽃은 다 아름답고
꽃보다 아름다운 건 당신 마음입니다

세상에서 젤 부자는 따뜻한 마음이고
세상에서 젤 어리석은 자는
행복을 모르고 살아가는 자입니다
젤 소중한 건 생명이며 무엇으로도 바꿀 수 없지요

별사탕

저는 사랑이 뭔지
이별이 뭔지 몰랐습니다

당신은 저에게
별님께 사랑이 뭔지 물어봐 했습니다
저는 별소리 다 하네 하면서
냉큼 돌아서서
한시도 쉬지 않는 별님에게 물었습니다

별님은 하늘을 채우듯
보란 듯이 별사탕 되어
저 입안을 침 흘리도록 채우고 살살 녹였습니다

사랑이란 쓰지도 맵지도 짜지도 않는 별 사탕처럼
빨면 빨수록 달콤하고 고소한
사랑이 녹지 않는
그런 사랑으로 당신을 사랑하고 싶습니다

별님이 이별은 쓰다고 가르쳐 주지 않았습니다

감나무

남쪽 하늘 보노라면 감나무가 그려집니다
십 년이면 강산도 변한다는데

그 역시 숱한 강산의 세월을
버티지 못하고 앙상한 뼈만 남아
마디마디 꽃다운 젊음은
고스란히 가지 곁으로 주름살 되어
주름살은 개미들의 집이 되었고

무성한 잡초 속에 고목나무가 되어
텃밭을 지키고 집터는 무너지고
흙으로 돌아간 흔적 속에 감나무만이 홀로 서서
외로움을 잊은 채
기나긴 세월의 버팀목으로 우뚝 섰지요

감나무는 바닷가 폭풍을 뒤집어쓰고
안개가 눈을 가려도 하루를 잊지 않고
계절을 막론하고 나를 쳐다보는 것 같아
우리의 추억이 감나무 꽃봉오리에 살아 숨 쉽니다

지금도 내 삶의 감이 열리고

매일 감나무처럼 가슴을 열고
비가 오나 눈이 오나
땡볕 속에도 흔들리지 않는
그의 자태 속에 살려고 합니다

공부는 담을 쌓은 친구고
감나무는 나의 가방을 안아주고
내가 다가가는 곳이면 어디든 다가왔죠
그는 체력이 우람해
등이 펴져 지나는 이들의 꽃을 아낌없이 선사했죠

언덕보다 낮고 사랑보다 높은 그대에게
매일 다가갔으니
마치 산을 오르는 것 같다 포기하려 했지만
내 손을 끌고 밀어주었죠
가을에 풍년으로 물든 감은
그의 아름다움 알 듯
지나는 이들의 사랑을 많이 받아
손 내밀면 닿는 손끝의 사랑이었죠

쳐 놓은 거미줄 없고 담벼락보다 높지만

손에 닿는 이는
아끼던 그대 꽃을 지나는 이들에선 선사했죠
먹을거리 없던 시절
동네 소문난 감나무였고
이웃집 친구들에게도 나누어 먹었습니다

해바라기

키 크고 날씬한 둥근
미모의 해바라기
해바라기 가슴에
기대어 사진을 찍었다
옆에서 순찰 중이던 벌
같이 찍자며
어깨 위에 앉았다
안 된다 했더니
벌은 내 몸에
벌침을 놓았다
침 묻는 손으로
해바라기를 안으며
도와 달라고 소리쳤다
해바라기는
뜨거운 햇살 아래
미모의 얼굴로
우산을 받쳐 들었다

마음을 서다

벼랑 끝에 바다는 마음의 평온함을
끝이 없는 바다를 걸을 수 있다

벼랑 끝에 바람은 칼바람이나
돌이킬 수 있는 바람은 마음의 칼바람이다

벼랑 끝의 구름을 걸으면
마음의 구름을 끝없이 걸을 수 있다

인생 끝에 있노라면 실낱같은
희망을 불씨처럼 살릴 수 있다

마음의 끝은 늘 존재하고 희망을 가진다면
인생을 정복할 수 있다

꿈이었지

꿈이 있어 꿈을 낳았지
그 꿈은 산산조각 구름 되어
바람 앞에 떠돌았지
바람이 불어 혜성처럼 꿈이 왔건만
그 꿈은 절망의 늪 속으로 떨어져
세월 속에 가라앉네
찾으려 찾으려 애써본들
적막감이 밤을 새우네
멍한 가슴 멍한 세계 나를 젖고
밤새 지지 않는 나의 마음
별도 달도 내 마음 앞에 있건만
오늘 왜 이리 멀게만 느껴질까
그대는 기쁠 때나 슬플 때나 언제든
내 마음 앞에 나타난 그대

바다여 너희들 보고파

1
바다로 채워진
내 삶은 허공을 담은 파도는
나의 마음을 누르고 멀미로 지친 육체는
보고픈 그대를 잊고
승자와 패자가 없는 삶의 전쟁에서
고요한 바다에 짐을 푼다

하늘의 구름은 악어 껍질처럼 딱 붙어 촘촘히 박혀
하늘이 더 깊고 총명하게 보여
하늘과 바다는 물 흐르듯 고요하다

태양은 눈부시게 하늘을 빈틈없이 꽉 메워
나의 아픔을 잊은 채

어느덧 노을은 하루 못한 사연을 담은
희미한 안개 속에 사라져 나의 아픔이
배고픈 태양을 대변하듯 태양은 나를 삼켰고
노을 속 아쉬움을 담은 태양은
산등선을 따라 바닷속으로 몸을 던져
타오르는 정열을 식히듯

붉게 물들인 바닷속에 힘차게 솟아오른다

태양이 태운 수많은 꽃은
생명의 노을 속에 나의 둥지였고
수채화로 물든 둥지는 사랑으로 앞선

나의 조급함으로 얼굴이 묻어
금방이라도 나를 삼킬세라

파도 속에 마음 하나로 금방이라도 사라질 듯
파도보다 우리의 사랑이 파도를 삼킬세라

2
배와 길고 긴 기차를 넘어 둥지는 나를 반겼고
우리의 만찬은 우동이었고
우동은 우리를 모으고 우동으로 사랑을 먹었다

그 속엔 전설 속에 우리의 사연이 숨어
잎새들 속삭임 하나하나가 우동 속에 있고
마치 내 속에 잊히고 목말랐던 정이 살아나
잎새들이 꿈틀거린다

먹는 이의 반가움
난 둥지로서
그대 알의 말문에 거미줄 친다
잎새들은 우동 속에 말을 던져
자기의 건재를 과시해
알지 못한 잎새 소리에
둥그런 모자만이 눈가에 흘러

잎새들은 서로 안으며
서로 깡충깡충 뛰어
중얼거리며 나 봐요 한다

나를 매료시키고
난 정신 잃었다
한 모금 잔에
잎새들 담으며 잎새들 안으며
머리카락 쓰다듬어
방바닥에 뒹굴어 잠들었다

새벽을 달린 목소리

떠나련만
그대 목소리 내 앞을 가로막네
우리 서로 새벽이 깨우려나요
그대 목소리 나를 적시고 살리네요
보답할 길 없어
그대 목소리에 매료되어
그대 아픔을 알지요
이 밤을 끝으로 다시 태어나는 세상
그대에게 조금이라도 줄 수 있노라면
그대 목소리 이 밤을 밝혀 나를 깨우고
나도 그대 깨우느라 그대 얼굴 뚜렷하게 보니
그댄 목소리로 어둠을 잠재웠죠 떠납니다
그대 얼굴 내 얼굴 일출에 맡기고
끝이 없는 그대 노래 사랑 인생 사랑
친구는 밤을 새워 새벽을 맞이하고
그대와 우리 모두 함께

나의 영혼

썩어 문드러진 흙으로 돌아가는
나의 육체여

뭘 얻기 위해 고통의 몸부림에
이토록 처절하고 애타게 싸우는가
이슬처럼 왔다 이슬처럼 사라지는 인생
모든 걸 내려놓고 싶은데
부질없는 모든 걸 손에 쥔 채
뿌리치지 못하는
나의 영혼

아쉽다
나의 육체여

아쉽다
나의 영혼이여

그림과책 시선 310

새야 강변 따라 하늘길

초판 1쇄 발행일 _ 2024년 10월 15일

지은이 _ 김정곤
펴낸이 _ 손근호

펴낸곳 _ 도서출판 그림과책
출판등록 2003년 5월 12일 제300-2003-87호

03924 서울특별시 마포구 월드컵북로54길 17 821호
            (상암동, 사보이시티다엠씨)
                도서출판 그림과책
전화 (02)720-9875, 2987 _ 팩스 (02)720-4389
도서출판 그림과책 homepage _ www.sisamundan.co.kr
후원 _ 월간 시사문단(www.sisamundan.co.kr)
E-mail _ munhak@sisamundan.co.kr

ISBN 979-11-93560-17-4(03810)

값 12,000원

이 책의 판권은 지은이와 그림과책에 있습니다.
잘못된 책은 교환해 드립니다.